The Body Museum
人体博物馆

香港家庭計劃指導會
The Family Planning Association of Hong Kong
香港家庭计划指导会 ◎ 编著

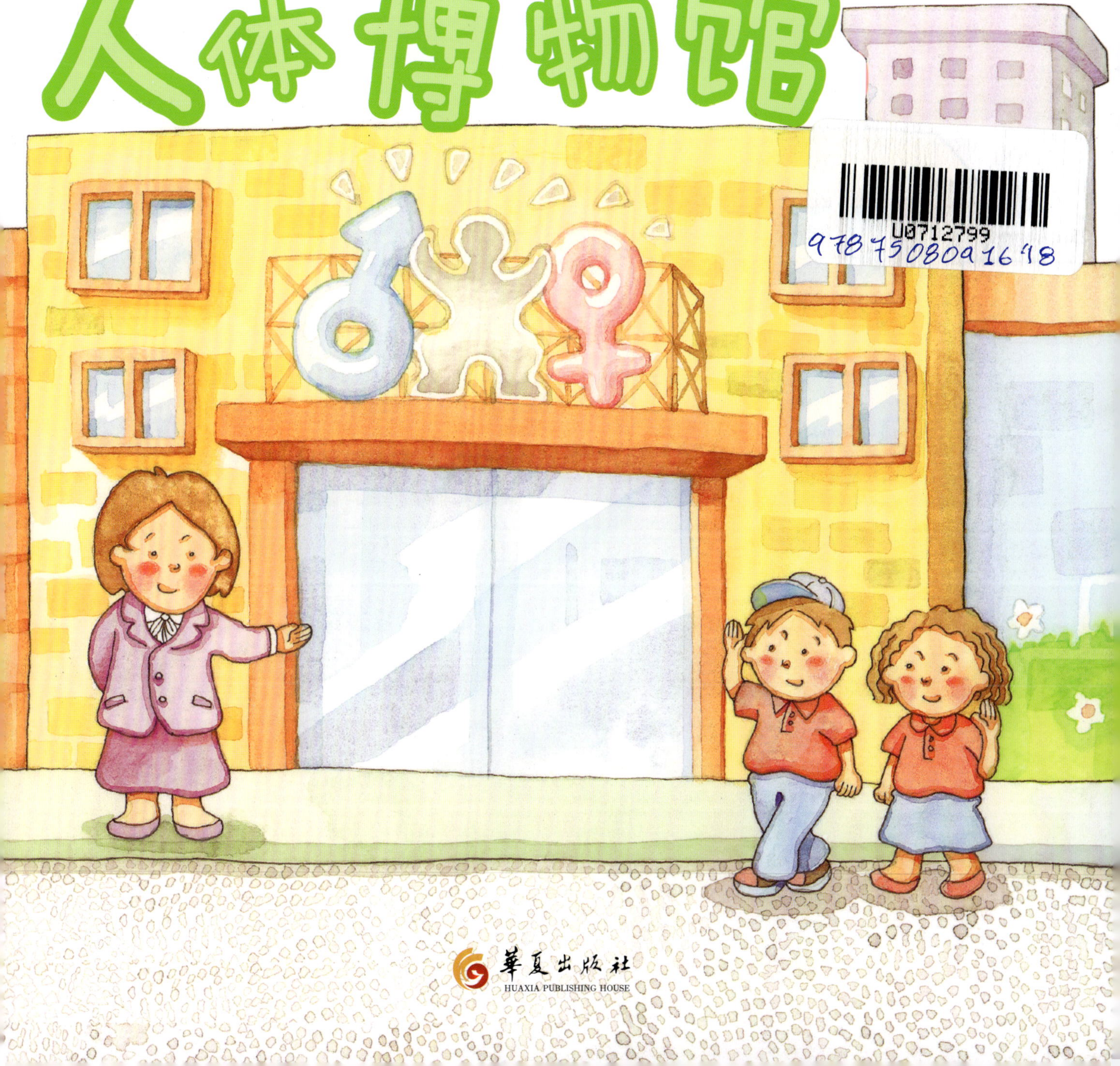

华夏出版社
HUAXIA PUBLISHING HOUSE

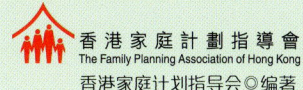

香港家庭计划指导会 ◎编著

The Body Museum
人体博物馆

图书在版编目（CIP）数据

德德家家幼儿性教育系列．人体博物馆 / 香港家庭计划指导会编著．-- 北京：华夏出版社，2018.5（2025.1重印）

ISBN 978-7-5080-9164-8

Ⅰ．①德… Ⅱ．①香… Ⅲ．①性教育－学前教育－教学参考资料 Ⅳ．①G613.3

中国版本图书馆CIP数据核字（2017）第060118号

Copyright©Text and Illustration The Family Planning Association of HongKong. All right reserved; no part of this publication may be reproduced or transmitted by any means, electronic, mechanical, photocopying or otherwise, without the prior permission of the Family Planning Association of HongKong.

版权所有，翻印必究。
北京市版权局著作权合同登记号：图字01-2016-1710号

德德家家幼儿性教育系列

编　　著	香港家庭计划指导会
责任编辑	王凤梅
装帧设计	殷丽云
责任印制	刘　洋

出版发行	华夏出版社有限公司
经　　销	新华书店
印　　刷	三河市万龙印装有限公司
装　　订	三河市万龙印装有限公司
版　　次	2018年5月北京第1版　2025年1月北京第2次印刷
开　　本	889×1194　1/20
印　　张	5.6
字　　数	1.5千字
定　　价	59.80元（全四册）

华夏出版社有限公司　网址：www.hxph.com.cn　　地址：北京市东直门外香河园北里4号　邮编：100028
若发现本版图书有印装质量问题，请与我社营销中心联系调换。电话：（010）64663331（转）

推荐序

性教育都讲些什么？该什么时候开始？对幼儿又怎么讲？如何回答幼儿提出的敏感性问题？这些都是当前家长们常常提出的问题。

性教育内容包括认识人体（特别是性器官和性征）、悦纳性别、学会交往、善于自护和科学审美。它的宗旨是要使人们从小对性形成积极坦诚的态度，能够把本属于人体和人类社会组成部分的性，像对待人体其他器官和自然社会现象一样科学地看待、学习和运用。科学的性健康教育以尊重人的结构、功能、需求为前提，以帮助人们能够健康、自信、快乐成长和发展为目标。

为此，人一生都需要性健康教育，开始的时间越早越好。即使在不会说话的婴儿期，家长如何清洗婴儿的性器官会给他留下被爱护的感受，是他以后呵护自己性器官的基础；此期父母相处的态度、语气会在他大脑中留下人际交往方式的最初印象；此时房间色彩的布置、玩具的选择、父母说话的语态，会使他感到家长对他的性别期待。所以早期照顾婴儿时，家长期望孩子未来的性健康已经在孕育中啦！幼儿期是孩子主动接受性教育的第一时期，当然被动性教育仍在继续。他们会从生活中发现成人的行为、形象和表现，从而提出各种性教育问题，家长的回答就是在给孩子进行性教育，形成孩子的性态度和价值观。比如孩子会问：撒尿时，男孩为什么站着？女孩为什么蹲着？我是从哪来的？我是怎么从妈妈肚子里生出来的？我的由来跟爸爸有什么关系？宠物会交配，爸爸妈妈会吗？爸爸的阴茎为什么比我的长？妈妈的乳房为什么比我大？妈妈屁屁为什么会出血，会死吗？男孩为什么不穿裙子？我喜欢她／他可以和她／他结婚吗？我喜欢她／他可以亲她／他的嘴吗？……面对这些问题一些家长会觉得尴尬，不知如何回答，只想蒙混过去。殊不知这些是孩子们在认识自己的现在和未来，科学的回答会使孩子解疑、增长知识、学会交往规范，更可以形成对性问题的积极坦诚态度，知道以后遇到性疑问可以从父母处得到满意答案，而避免其他不科学信息对孩子的误导甚至伤害，还可以把家长对性问题的价值观渗透给孩子并逐渐稳固，成为长大后面对复杂性问题时判断选择的依据和信念。

那么怎么回答孩子的性问题呢？一个原则：简单、直面、科学。因为幼儿的性心理发展和认知程度，对性问题没有成人的羞涩、敏感，有的是对见到的所有事物的好奇和探索，要的是简洁明确的答案。所以，一个对成人感到羞涩、尴尬的问题或名词如性器官的名称、性交、月经，对孩子来说却是一个科普和正确观念植入的机会。它能让孩子记住阴茎、阴道的科学称呼，会知道性交是爸爸妈妈互爱的表达方式，月经是女孩长大可以做妈妈的标志；还会记得父母说性器官需要好好保护，性交可以带来爱的宝贝，宝宝需要爸爸妈妈的爱护；会理解月经期间妈妈需要好好休息，大家应该照顾她。显然，对于孩子当前性问题的回答，是在为他们如何应对未来成长中遇到的性现象做着一步步准备。

香港家庭计划指导委员会编著的这套《德德家家幼儿性教育系列》从四个向度对幼儿性教育进行了解读，也是当前国内外正在开展的科学性健康教育的内容。其中，我从哪里来？很多孩子大约在3岁时发问，但直到中学生物课才有从受精卵发育到新生儿的课程。而有实验给幼儿园大班孩子讲这段知识后，孩子马上提问：精子怎么进到妈妈子宫里的？我们的老师和家长基于前述的原因基本回避了，家长期望学校老师讲，老师尴尬不敢讲，而这又是听到这段讲解的几乎所有孩子会发出的疑问！这套《德德家家幼儿性教育系列》绘本中的《我从哪里来？》直白地回答了这个问题。有老师和家长跟3~8岁孩子一起看这部分内容后，孩子没有特别关注性交两个字，更没有去实践，记住的是我的由来跟爸爸妈妈都有关系。在香港也是同样情况。

有的老师也反应过这样的问题，一个孩子曾天真无邪地问妈妈：能不能把自己的小阴茎也放到妈妈阴道里，生个小弟弟可以吗？妈妈听到这个问题的第一反应是尴尬和震惊，其实，这正是家长给予孩子正确性教育的一个契机。回答这类问题有以下原则：首先阴部是每个人的隐私部位，不经对方同意不能看和摸，自己的也一样，这样是为了防止阴部受伤生病；其二告诉幼儿当爸爸妈妈表达相爱时才会这样做，其他人相互喜欢时可以采用握手、拥抱等方式，否则双方都会受到伤害；其三相爱而且有能力让孩子像你一样幸福时爸爸妈妈才会生宝宝。这样的回答可以让幼儿从小形成对性器官的自我保护意识，知道性交是成人相爱时的表达方式，未成年相互喜欢有其他方式；了解生育宝宝是像爸爸妈妈一样相爱的成人要担负的责任，当不能负其责时则不会生育宝宝。如此，家长从幼儿开始就为孩子们的未来树立自尊、他尊及负责任的性观念打下基础啦。

因此，本书的发行弥补了大陆流行幼儿性教育读物中生命由来过程知识不完整的缺憾，更给家长们面对这样尴尬的话题时能给予孩子科学答案的借鉴和思考。这本书的出版不但是对大陆幼儿性教育长久缺失内容的弥补，更是对人们性教育观念的提升，对大陆性教育将起到里程碑式的推动！

张玫玫
2017.9

张玫玫简介

首都师范大学教育学院性教育研究中心主任，副教授，硕士生导师

中国性学会青少年性健康教育专委会	主任
北京性健康教育研究会	会长
北京家庭教育研究会	副会长

序

在幼儿成长过程中，孩子开始对身边的事物产生兴趣，并开始探索自己的身体，这是很自然的事。教导孩子认识身体也是个必然的课题。《人体博物馆》让孩子了解身体不同的器官，包括性器官的正确名称、位置和功能，并培养孩子对性有健康、正面的态度。

父母及性教育工作者，应以开放的态度运用本图书，轻轻松松与孩子谈性。最好的方法，是陪着孩子一起看，在旁加以解释及辅导。运用本书时，可叫孩子一边看，一边朗读身体各部分的名称，以加深印象，更可在阅读后，用简单问答来测试孩子们的认识和了解。

香港家庭计划指导会

Foreword

As young children grow up, they are curious about things around them. Naturally they will start to explore their own bodies, and this is the best time to teach them about themselves. "The Body Museum" helps children recognize their body parts including the names and functions of the sex organs, and cultivate healthy positive attitudes.

Parents and sexuality educators can read this book with children, providing them with explanations and guidance along the way. To aid their memory, children can be encouraged to name the body parts out loud and simple questions can be used to make sure they have understood.

The Family Planning Association of Hong Kong

这是头部。

This is our head.

用耳朵听，用口吃东西和说话。

We use our ears to hear, and our mouth to eat and talk.

用眼看，用鼻嗅。
We use our eyes to see,
and our nose to smell.

我用脚走路，
　用手触摸和拿东西。

We use our feet to walk, and our hands to touch and carry things.

这是女孩子,这是男孩子。

This is a girl. This is a boy.

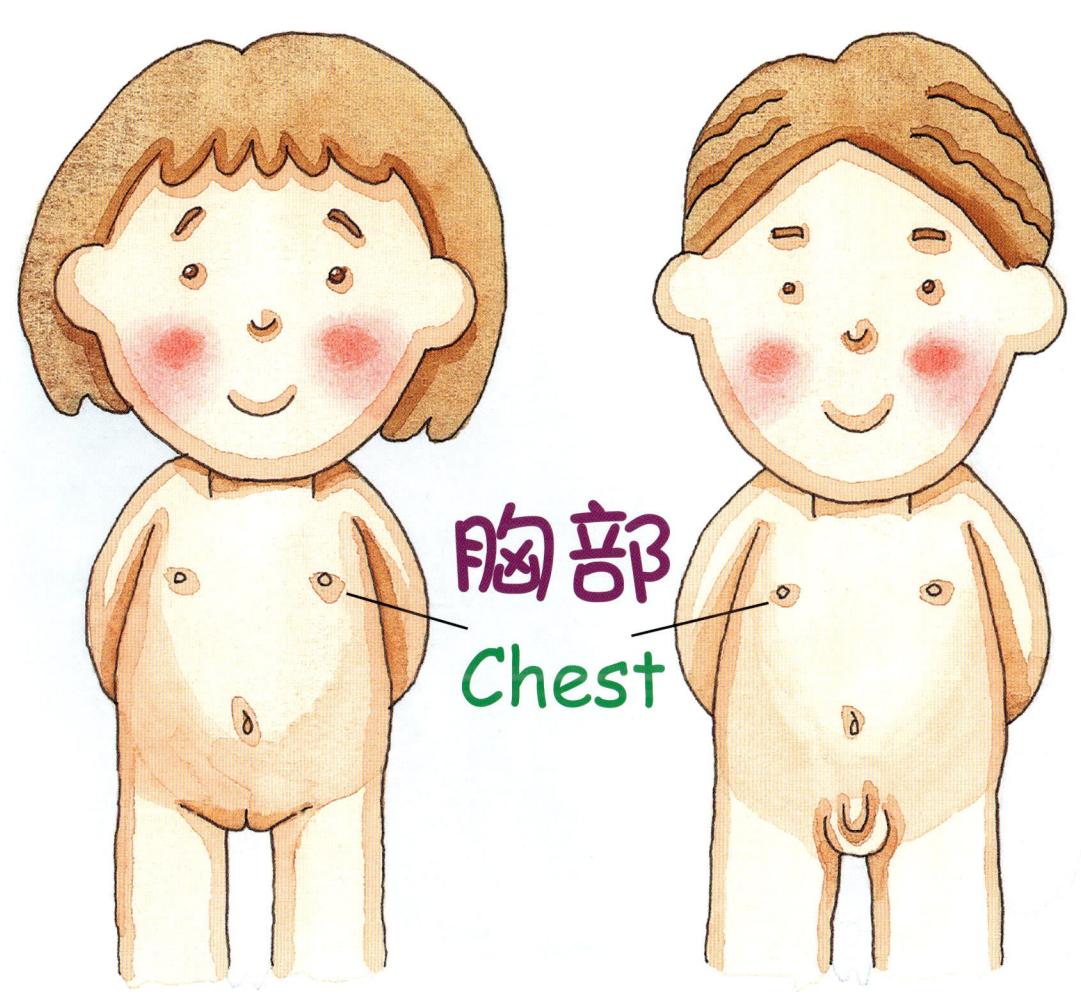

胸部
Chest

女孩子长大后，胸部会发育，成为乳房。

When girls grow up, their chests will grow and develop into breasts.

原来男孩子和女孩子有不同的地方呢！

So there are differences between boys and girls!

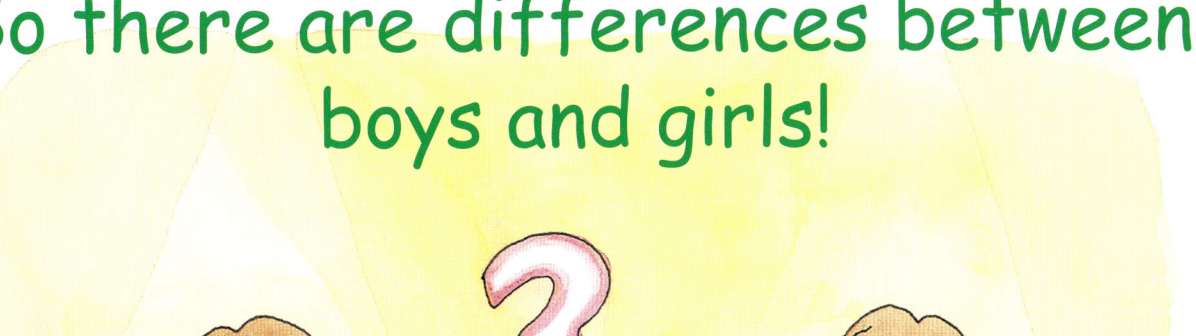

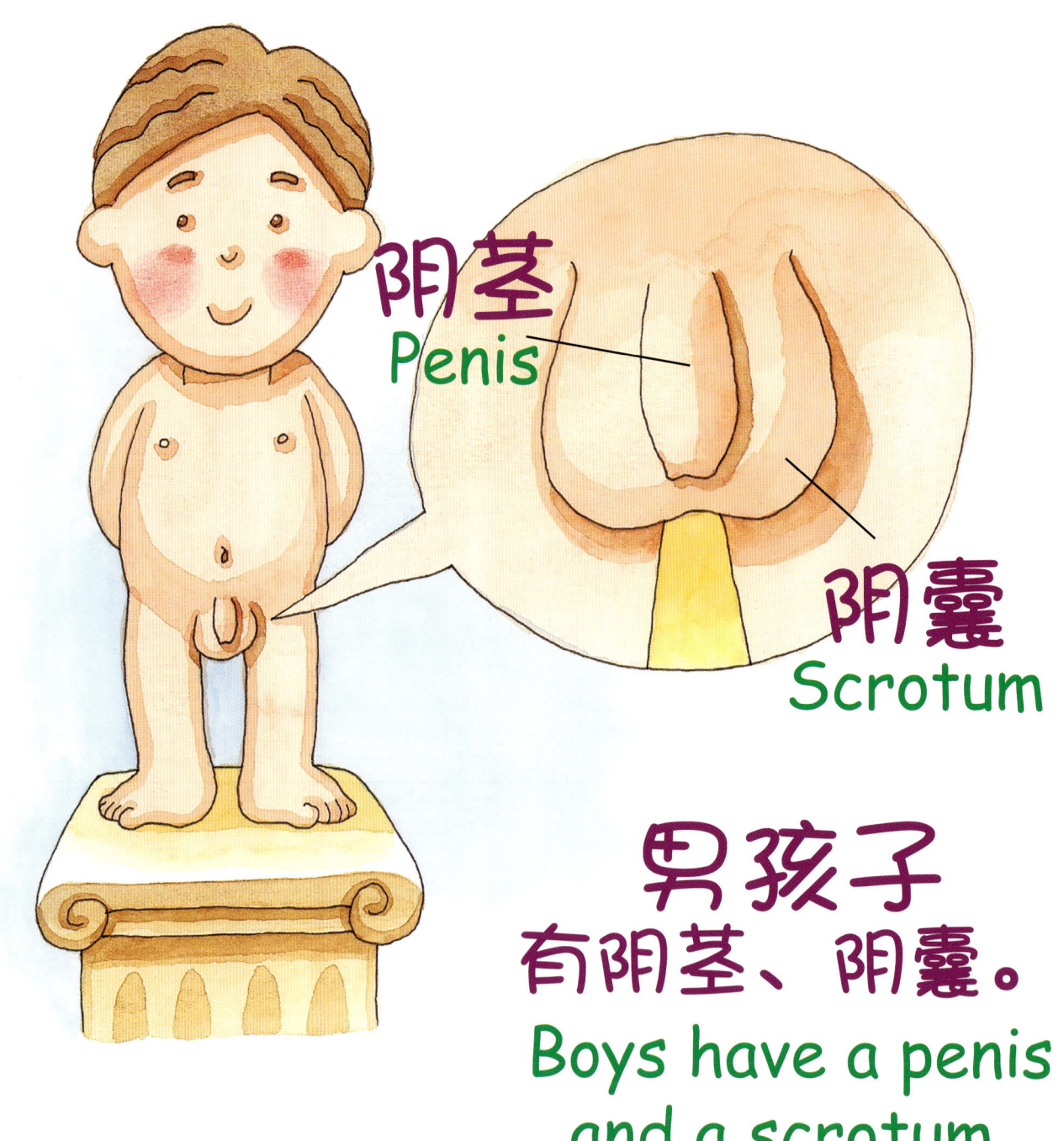

阴茎
Penis

阴囊
Scrotum

男孩子
有阴茎、阴囊。
Boys have a penis and a scrotum.

阴茎用来小便，
男孩子是站着小便的。

The penis is for urinating.
Boys stand up to urinate.

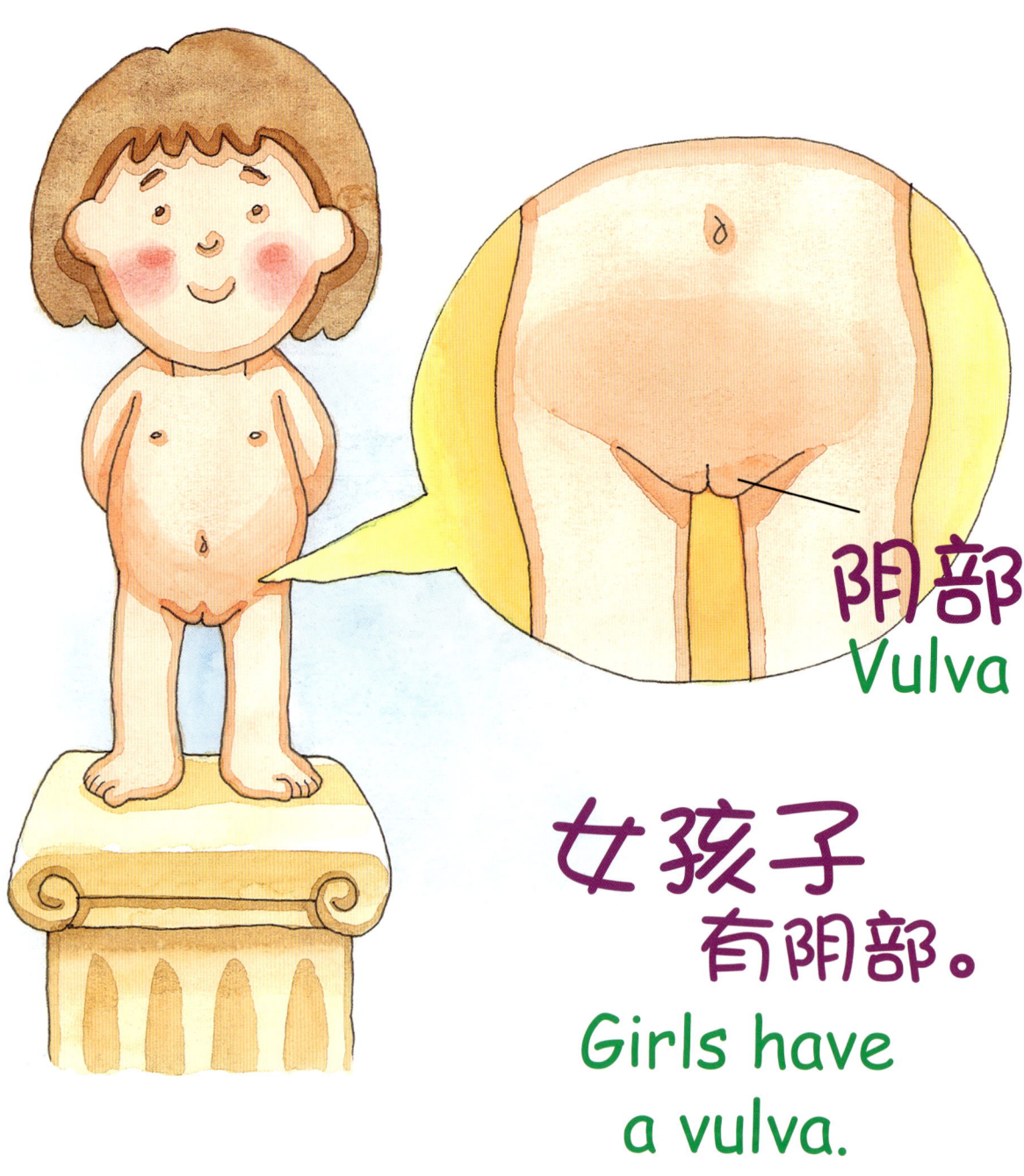

阴部
Vulva

女孩子有阴部。
Girls have a vulva.

女孩子是坐着小便的。
Girls sit down to urinate.

原来男孩子和女孩子有这些不同的地方。
平日穿着衣服，所以看不出来！

So there are differences between boys and girls!
We haven't noticed because we wear clothes.

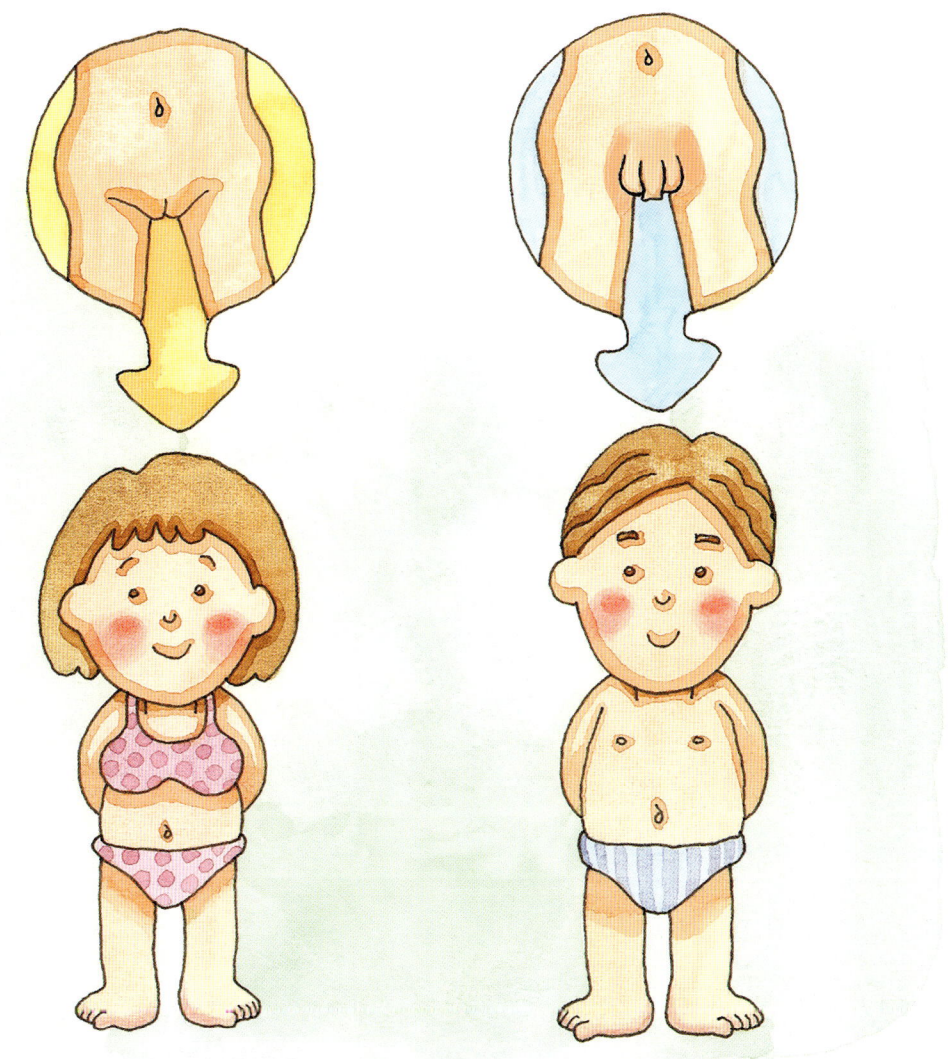

阴茎、阴囊、阴部和胸部都是自己的隐私部位，要穿衣服保护它们。

Our penis, scrotum, vulva and breasts are our private parts, we put on clothes to protect them.

臀部也是隐私部位呢！
要穿衣服啊！

Our buttocks are also our private parts, remember to wear clothes!

隐私部位不可以随便让别人触摸！
自己也不应该随便触摸
别人的隐私部位！

We should not let people touch our private parts. And we should not touch other people's private parts either.

参观人体博物馆后，小朋友，你清楚认识自己的身体了吗？

After visiting the Body Museum, do you know your body better?

编者的话

在幼儿教育的书籍中，关于动物、植物、天文、地理、历史等方面的知识可谓比比皆是，其中也不乏一些品质优良的书籍。可是关于性知识的书并不多，而且，能够做到以一种科学严谨的态度，客观坦诚而又充满爱心地去跟孩子讲解这方面知识的，市场上可谓是空缺的。

然而，对于孩子的健康成长而言，性的健康教育又是如此重要。做父母的，应该从孩子出生的那一刻起，就要有意识地有方法地给孩子去渗透、去讲解。父母要做的是要像解释动物、植物等其他科普知识一样，正常地、通俗地、科学地、坦然地讲给孩子听。

孩子对于自己的由来感到好奇，是十分自然的，这种求知欲应该得到正确的引导和解释。实际上，在孩子有此好奇心，但尚无性冲动的时候，及时、适当地对他们进行性知识启蒙教育，会让他们自然而然地认识性、生育、人体、家庭等人生的重要概念，而不至于在成长的路上被虚假的认知所误导，甚至被扭曲。童话大王郑渊洁曾在一篇采访中说道："性教育是不能转弯抹角的，一定要直白、一步到位，因为你只要留下悬念他就会去探索。你想让他不探索，最好的办法就是尽早告诉他。"他认为："作为父母，对孩子应及早进行性教育。三岁的孩子正是发萌的时候，对很多事情要找到答案，这时他还没对性产生兴趣，你告诉他，他会认为性是和吃饭、喝水是一样的事情。"

带着一个为儿童做好书的真诚愿望，我们遍历全球图书市场，欣喜地看到了香港家庭计划指导会(简称香港家计会)的这套《德德家家幼儿性教育系列》的书籍。

香港家计会是国际计划生育联合会八个创会会员之一，致力于推动香港性教育的发展，目前已累计了40年在幼儿园、小学、中学和大学推行性教育的经验。这套图书一版再版，目前已修订至第八版，也就是我们现在引进的这个版本。这套书从四个向度对儿童的性启蒙进行了解读：《人体博物馆》让孩子了解身体各部分名称、位置和功能，并培养孩子对性有健康和正确的态度；《男孩子 女孩子》讲男女孩子虽然性别不同，但各有其独特之处，培养孩子接纳他人和与人相处的适当态度；《我从哪里来？》让孩子明白生命的诞生，不但能满足他们的好奇心，更能让孩子明白自己是因父母相爱，有计划地诞生；《德德家家小战士》教导孩子认识私隐部位、分辨好与坏的接触，以及如何拒绝

那些不应该的接触，并寻求帮助。这套书全方位地为幼儿建立良好的性观念，并学习接纳自己、尊重别人，保护自己并爱惜生命。

目前大陆教育界对儿童性教育到底应该怎么科学地开展，仍然争执不下、各执一词。但是家长要明白的是，孩子成长的关键时期也很短暂，你能否把孩子问到的每个问题作为与孩子联结并适时植入正确观念的机会，你的回应和态度才是最重要的。童言无忌，即使孩子问到一个让你感觉尴尬的问题，你是否能把这个问题作为培养的契机，借此机会把正确的性教育观传播给孩子，让他明白自己和他人的身体界限，明白怎么样既能保护到自己又不伤害到他人。

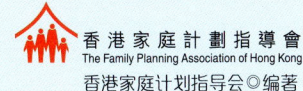

香港家庭计划指导会 ◎ 编著

Tak Tak & Kar Kar: the Little Warriors
德德家家小战士

图书在版编目（CIP）数据

德德家家幼儿性教育系列. 德德家家小战士 / 香港家庭计划指导会编著. -- 北京：华夏出版社，2018.5（2025.1重印）

ISBN 978-7-5080-9164-8

Ⅰ. ①德… Ⅱ. ①香… Ⅲ. ①性教育－学前教育－教学参考资料 Ⅳ. ①G613.3

中国版本图书馆 CIP 数据核字（2017）第 060121 号

版权所有，翻印必究。

北京市版权局著作权合同登记号：图字 01-2016-1527 号

推荐序

性教育都讲些什么？该什么时候开始？对幼儿又怎么讲？如何回答幼儿提出的敏感性问题？这些都是当前家长们常常提出的问题。

性教育内容包括认识人体（特别是性器官和性征）、悦纳性别、学会交往、善于自护和科学审美。它的宗旨是要使人们从小对性形成积极坦诚的态度，能够把本属于人体和人类社会组成部分的性，像对待人体其他器官和自然社会现象一样科学地看待、学习和运用。科学的性健康教育以尊重人的结构、功能、需求为前提，以帮助人们能够健康、自信、快乐成长和发展为目标。

为此，人一生都需要性健康教育，开始的时间越早越好。即使在不会说话的婴儿期，家长如何清洗婴儿的性器官会给他留下被爱护的感受，是他以后呵护自己性器官的基础；此期父母相处的态度、语气会在他大脑中留下人际交往方式的最初印象；此时房间色彩的布置、玩具的选择、父母说话的语态，会使他感到家长对他的性别期待。所以早期照顾婴儿时，家长期望孩子未来的性健康已经在孕育中啦！幼儿期是孩子主动接受性教育的第一时期，当然被动性教育仍在继续。他们会从生活中发现成人的行为、形象和表现，从而提出各种性教育问题，家长的回答就是在给孩子进行性教育，形成孩子的性态度和价值观。比如孩子会问：撒尿时，男孩为什么站着？女孩为什么蹲着？我是从哪来的？我是怎么从妈妈肚子里生出来的？我的由来跟爸爸有什么关系？宠物会交配，爸爸妈妈会吗？爸爸的阴茎为什么比我的长？妈妈的乳房为什么比我大？妈妈屁屁为什么会出血，会死吗？男孩为什么不穿裙子？我喜欢她/他可以和她/他结婚吗？我喜欢她/他可以亲她/他的嘴吗？……面对这些问题一些家长会觉得尴尬，不知如何回答，只想蒙混过去。殊不知这些是孩子们在认识自己的现在和未来，科学的回答会使孩子解疑、增长知识、学会交往规范，更可以形成对性问题的积极坦诚态度，知道以后遇到性疑问可以从父母处得到满意答案，而避免其他不科学信息对孩子的误导甚至伤害，还可以把家长对性问题的价值观渗透给孩子并逐渐稳固，成为长大后面对复杂性问题时判断选择的依据和信念。

那么怎么回答孩子的性问题呢？一个原则：简单、直面、科学。因为幼儿的性心理发展和认知程度，对性问题没有成人的羞涩、敏感，有的是对见到的所有事物的好奇和探索，要的是简洁明确的答案。所以，一个对成人感到羞涩、尴尬的问题或名词如性器官的名称、性交、月经，对孩子来说却是一个科普和正确观念植入的机会。它能让孩子记住阴茎、阴道的科学称呼，会知道性交是爸爸妈妈互爱的表达方式，月经是女孩长大可以做妈妈的标志；还会记得父母说性器官需要好好保护，性交可以带来爱的宝贝，宝宝需要爸爸妈妈的爱护；会理解月经期间妈妈需要好好休息，大家应该照顾她。显然，对于孩子当前性问题的回答，是在为他们如何应对未来成长中遇到的性现象做着一步步准备。

香港家庭计划指导委员会编著的这套《德德家家幼儿性教育系列》从四个向度对幼儿性教育进行了解读，也是当前国内外正在开展的科学性健康教育的内容。其中，我从哪里来？很多孩子大约在3岁时发问，但直到中学生物课才有从受精卵发育到新生儿的课程。而有实验给幼儿园大班孩子讲这段知识后，孩子马上提问：精子怎么进到妈妈子宫里的？我们的老师和家长基于前述的原因基本回避了，家长期望学校老师讲，老师尴尬不敢讲，而这又是听到这段讲解的几乎所有孩子会发出的疑问！这套《德德家家幼儿性教育系列》绘本中的《我从哪里来？》直白地回答了这个问题。有老师和家长跟3~8岁孩子一起看这部分内容后，孩子没有特别关注性交两个字，更没有去实践，记住的是我的由来跟爸爸妈妈都有关系。在香港也是同样情况。

有的老师也反应过这样的问题，一个孩子曾天真无邪地问妈妈：能不能把自己的小阴茎也放到妈妈阴道里，生个小弟弟可以吗？妈妈听到这个问题的第一反应是尴尬和震惊，其实，这正是家长给予孩子正确性教育的一个契机。回答这类问题有以下原则：首先阴部是每个人的隐私部位，不经对方同意不能看和摸，自己的也一样，这样是为了防止阴部受伤生病；其二告诉幼儿当爸爸妈妈表达相爱时才会这样做，其他人相互喜欢时可以采用握手、拥抱等方式，否则双方都会受到伤害；其三相爱而且有能力让孩子像你一样幸福时爸爸妈妈才会生宝宝。这样的回答可以让幼儿从小形成对性器官的自我保护意识，知道性交是成人相爱时的表达方式，未成年相互喜欢有其他方式；了解生育宝宝是像爸爸妈妈一样相爱的成人要担负的责任，当不能负其责时则不会生育宝宝。如此，家长从幼儿开始就为孩子们的未来树立自尊、他尊及负责任的性观念打下基础啦。

因此，本书的发行弥补了大陆流行幼儿性教育读物中生命由来过程知识不完整的缺憾，更给家长们面对这样尴尬的话题时能给予孩子科学答案的借鉴和思考。这本书的出版不但是对大陆幼儿性教育长久缺失内容的弥补，更是对人们性教育观念的提升，对大陆性教育将起到里程碑式的推动！

张玫玫
2017.9

张玫玫简介

首都师范大学教育学院性教育研究中心主任，副教授，硕士生导师

中国性学会青少年性健康教育专委会	主任
北京性健康教育研究会	会长
北京家庭教育研究会	副会长

序

每位家长都爱护自己的子女，希望子女能健康快乐地成长，不会受到伤害。要保护孩子，需要从小教导他们认识自己的身体，更应学会如何保护自己的隐私部位。

本书以故事的形式，由德德家家两位小战士，带领小朋友认识自己的身体，特别是隐私部位。并利用不同的生活例子，教导小朋友分辨好的接触与坏的接触，以及如何拒绝那些不应该的接触，并懂得寻求协助。

请家长陪同孩子共读此书，并从旁加以解释，让小朋友在轻松的环境下，学习保护自己，做个勇敢聪明的好孩子！

香港家庭计划指导会

Foreword

All parents want their children to grow up safe, happy and healthy. It is important to teach them about their bodies and their privacy and how to protect themselves from harm and abuse.

The little warriors, Tak Tak and Kar Kar, will help young children understand that some parts of their bodies are private. Children will learn that some kinds of contact are "good" and some are "bad". Children should refuse and seek refuge from "bad" contact.

Parents can read this book together with their children, teaching them how to protect themselves and be a smart and brave little warrior.

The Family Planning Association of Hong Kong

每个人都有自己的身体，身体有不同的部位，我们要爱惜身体的每一个部位。

Everybody has his or her own body. We have different body parts, and we must take care of every part of our bodies.

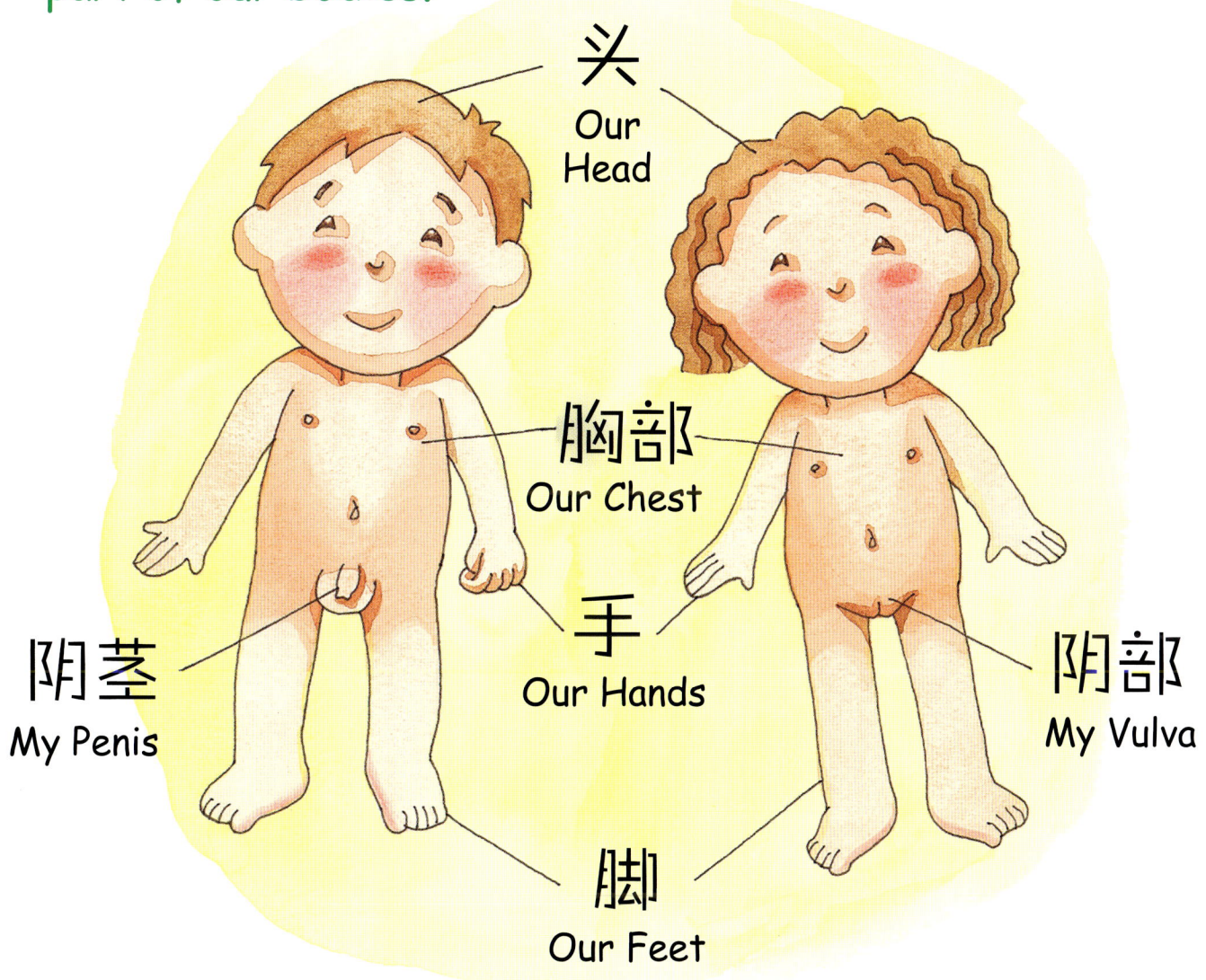

头 Our Head

胸部 Our Chest

手 Our Hands

阴茎 My Penis

阴部 My Vulva

脚 Our Feet

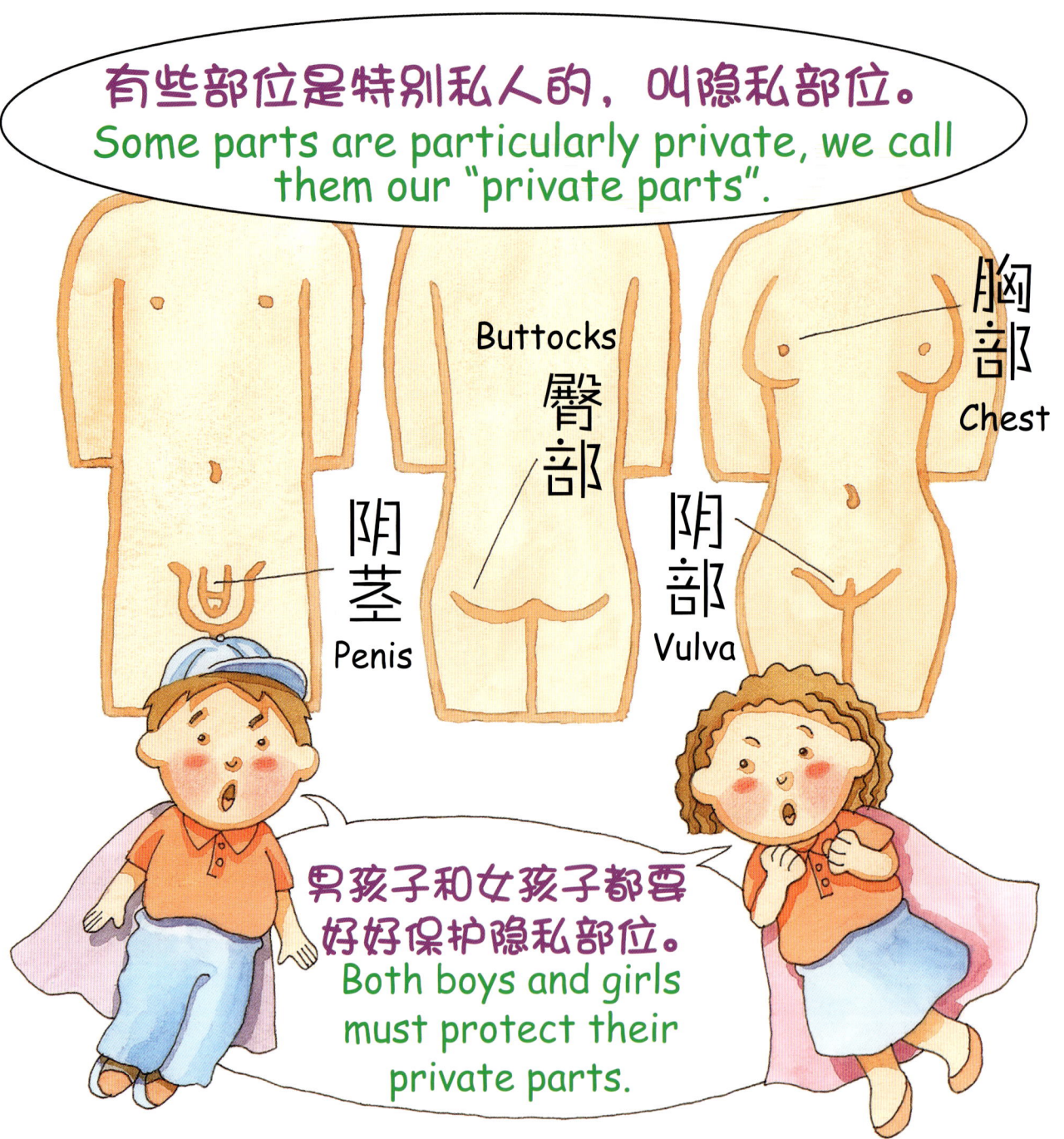

隐私部位不能随便让别人看。
We should not let people look at our private parts.

我们要穿衣服遮蔽并保护身体！
We wear clothes to cover and protect our bodies.

隐私部位也不能随便让别人触摸。
We should not let people touch our private parts.

我们要拒绝别人触摸隐私部位。
We should refuse when other people try to touch our private parts.

与人相处，可以有好的接触。
There is good contact when we meet people.

好的接触令人感觉舒服又安全。
Good contact makes people feel safe and comfortable.

坏的接触令我们不快和不舒服。
Bad contact makes us upset and uncomfortable.

我们要分辨好的接触及坏的接触。
We must tell the difference between good contact and bad contact.

开心！
Nice!

好！
Good!

我们要说出
We have to

坏的接触要制止。
Bad contact must be stopped.

如果有人要接触我们的隐私部位，或者要我们触摸别人的隐私部位，我们要勇敢拒绝。

If someone wants to touch our private parts, or wants us to touch other people's private parts, we must bravely refuse.

拒绝时要大声说：
We have to shout out loudly when we refuse:

"停！""救命！""NO！！"
STOP!! HELP!! NO!!

要立即离开，走到安全的地方。
Leave immediately for a safe place.

将事情告诉可以信任的大人。爱护我们的大人有很多，你可以数出多少个呢？

Talk to adults you can trust. There are many adults who love us, can you name a few?

聪明的小朋友，我们是身体的主人，有权保护自己。

Be a smart kid! We are the masters of our bodies, we have the right to protect ourselves.

我是身体的主人，
隐私部位要留心；
好的接触可继续，
坏的接触要制止；
一起做个小战士，
保护身体你要知！

I am the master of my body,
I take care of my privacy.
Good contact is fine,
Bad contact I decline,
Little warriors, let's be brave,
And learn to protect ourselves today!

编者的话

在幼儿教育的书籍中，关于动物、植物、天文、地理、历史等方面的知识可谓比比皆是，其中也不乏一些品质优良的书籍。可是关于性知识的书并不多，而且，能够做到以一种科学严谨的态度，客观坦诚而又充满爱心地去跟孩子讲解这方面知识的，市场上可谓是空缺的。

然而，对于孩子的健康成长而言，性的健康教育又是如此重要。做父母的，应该从孩子出生的那一刻起，就要有意识地有方法地给孩子去渗透、去讲解。父母要做的是要像解释动物、植物等其他科普知识一样，正常地、通俗地、科学地、坦然地讲给孩子听。

孩子对于自己的由来感到好奇，是十分自然的，这种求知欲应该得到正确的引导和解释。实际上，在孩子有此好奇心，但尚无性冲动的时候，及时、适当地对他们进行性知识启蒙教育，会让他们自然而然地认识性、生育、人体、家庭等人生的重要概念，而不至于在成长的路上被虚假的认知所误导，甚至被扭曲。童话大王郑渊洁曾在一篇采访中说道："性教育是不能转弯抹角的，一定要直白、一步到位，因为你只要留下悬念他就会去探索。你想让他不探索，最好的办法就是尽早告诉他。"他认为："作为父母，对孩子应及早进行性教育。三岁的孩子正是发萌的时候，对很多事情要找到答案，这时他还没对性产生兴趣，你告诉他，他会认为性是和吃饭、喝水是一样的事情。"

带着一个为儿童做好书的真诚愿望，我们遍历全球图书市场，欣喜地看到了香港家庭计划指导会（简称香港家计会）的这套《德德家家幼儿性教育系列》的书籍。

香港家计会是国际计划生育联合会八个创会会员之一，致力于推动香港性教育的发展，目前已累计了40年在幼儿园、小学、中学和大学推行性教育的经验。这套图书一版再版，目前已修订至第八版，也就是我们现在引进的这个版本。这套书从四个向度对儿童的性启蒙进行了解读：《人体博物馆》让孩子了解身体各部分名称、位置和功能，并培养孩子对性有健康和正确的态度；《男孩子 女孩子》讲男女孩子虽然性别不同，但各有其独特之处，培养孩子接纳他人和与人相处的适当态度；《我从哪里来？》让孩子明白生命的诞生，不但能满足他们的好奇心，更能让孩子明白自己是因父母相爱，有计划地诞生；《德德家家小战士》教导孩子认识私隐部位、分辨好与坏的接触，以及如何拒绝

那些不应该的接触，并寻求帮助。这套书全方位地为幼儿建立良好的性观念，并学习接纳自己、尊重别人，保护自己并爱惜生命。

目前大陆教育界对儿童性教育到底应该怎么科学地开展，仍然争执不下、各执一词。但是家长要明白的是，孩子成长的关键时期也很短暂，你能否把孩子问到的每个问题作为与孩子联结并适时植入正确观念的机会，你的回应和态度才是最重要的。童言无忌，即使孩子问到一个让你感觉尴尬的问题，你是否能把这个问题作为培养的契机，借此机会把正确的性教育观传播给孩子，让他明白自己和他人的身体界限，明白怎么样既能保护到自己又不伤害到他人。

香港家庭计划指导会 ◎ 编著

Boys & Girls
男孩子 女孩子

图书在版编目（CIP）数据

德德家家幼儿性教育系列. 男孩子　女孩子 / 香港家庭计划指导会编著. -- 北京：华夏出版社，2018.5（2025.1重印）
ISBN 978-7-5080-9164-8

Ⅰ. ①德… Ⅱ. ①香… Ⅲ. ①性教育－学前教育－教学参考资料 Ⅳ. ①G613.3

中国版本图书馆CIP数据核字(2017)第060119号

版权所有，翻印必究。
北京市版权局著作权合同登记号：图字 01-2016-1712 号

推荐序

性教育都讲些什么？该什么时候开始？对幼儿又怎么讲？如何回答幼儿提出的敏感性问题？这些都是当前家长们常常提出的问题。

性教育内容包括认识人体（特别是性器官和性征）、悦纳性别、学会交往、善于自护和科学审美。它的宗旨是要使人们从小对性形成积极坦诚的态度，能够把本属于人体和人类社会组成部分的性，像对待人体其他器官和自然社会现象一样科学地看待、学习和运用。科学的性健康教育以尊重人的结构、功能、需求为前提，以帮助人们能够健康、自信、快乐成长和发展为目标。

为此，人一生都需要性健康教育，开始的时间越早越好。即使在不会说话的婴儿期，家长如何清洗婴儿的性器官会给他留下被爱护的感受，是他以后呵护自己性器官的基础；此期父母相处的态度、语气会在他大脑中留下人际交往方式的最初印象；此时房间色彩的布置、玩具的选择、父母说话的语态，会使他感到家长对他的性别期待。所以早期照顾婴儿时，家长期望孩子未来的性健康已经在孕育中啦！幼儿期是孩子主动接受性教育的第一时期，当然被动性教育仍在继续。他们会从生活中发现成人的行为、形象和表现，从而提出各种性教育问题，家长的回答就是在给孩子进行性教育，形成孩子的性态度和价值观。比如孩子会问：撒尿时，男孩为什么站着？女孩为什么蹲着？我是从哪来的？我是怎么从妈妈肚子里生出来的？我的由来跟爸爸有什么关系？宠物会交配，爸爸妈妈会吗？爸爸的阴茎为什么比我的长？妈妈的乳房为什么比我大？妈妈屁屁为什么会出血，会死吗？男孩为什么不穿裙子？我喜欢她／他可以和她／他结婚吗？我喜欢她／他可以亲她／他的嘴吗？……面对这些问题一些家长会觉得尴尬，不知如何回答，只想蒙混过去。殊不知这些是孩子们在认识自己的现在和未来，科学的回答会使孩子解疑、增长知识、学会交往规范，更可以形成对性问题的积极坦诚态度，知道以后遇到性疑问可以从父母处得到满意答案，而避免其他不科学信息对孩子的误导甚至伤害，还可以把家长对性问题的价值观渗透给孩子并逐渐稳固，成为长大后面对复杂性问题时判断选择的依据和信念。

那么怎么回答孩子的性问题呢？一个原则：简单、直面、科学。因为幼儿的性心理发展和认知程度，对性问题没有成人的羞涩、敏感，有的是对见到的所有事物的好奇和探索，要的是简洁明确的答案。所以，一个对成人感到羞涩、尴尬的问题或名词如性器官的名称、性交、月经，对孩子来说却是一个科普和正确观念植入的机会。它能让孩子记住阴茎、阴道的科学称呼，会知道性交是爸爸妈妈互爱的表达方式，月经是女孩长大可以做妈妈的标志；还会记得父母说性器官需要好好保护，性交可以带来爱的宝贝，宝宝需要爸爸妈妈的爱护；会理解月经期间妈妈需要好好休息，大家应该照顾她。显然，对于孩子当前性问题的回答，是在为他们如何应对未来成长中遇到的性现象做着一步步准备。

香港家庭计划指导委员会编著的这套《德德家家幼儿性教育系列》从四个向度对幼儿性教育进行了解读，也是当前国内外正在开展的科学性健康教育的内容。其中，我从哪里来？很多孩子大约在3岁时发问，但直到中学生物课才有从受精卵发育到新生儿的课程。而有实验给幼儿园大班孩子讲这段知识后，孩子马上提问：精子怎么进到妈妈子宫里的？我们的老师和家长基于前述的原因基本回避了，家长期望学校老师讲，老师尴尬不敢讲，而这又是听到这段讲解的几乎所有孩子会发出的疑问！这套《德德家家幼儿性教育系列》绘本中的《我从哪里来？》直白地回答了这个问题。有老师和家长跟3~8岁孩子一起看这部分内容后，孩子没有特别关注性交两个字，更没有去实践，记住的是我的由来跟爸爸妈妈都有关系。在香港也是同样情况。

有的老师也反应过这样的问题，一个孩子曾天真无邪地问妈妈：能不能把自己的小阴茎也放到妈妈阴道里，生个小弟弟可以吗？妈妈听到这个问题的第一反应是尴尬和震惊，其实，这正是家长给予孩子正确性教育的一个契机。回答这类问题有以下原则：首先阴部是每个人的隐私部位，不经对方同意不能看和摸，自己的也一样，这样是为了防止阴部受伤生病；其二告诉幼儿当爸爸妈妈表达相爱时才会这样做，其他人相互喜欢时可以采用握手、拥抱等方式，否则双方都会受到伤害；其三相爱而且有能力让孩子像你一样幸福时爸爸妈妈才会生宝宝。这样的回答可以让幼儿从小形成对性器官的自我保护意识，知道性交是成人相爱时的表达方式，未成年相互喜欢有其他方式；了解生育宝宝是像爸爸妈妈一样相爱的成人要担负的责任，当不能负其责时则不会生育宝宝。如此，家长从幼儿开始就为孩子们的未来树立自尊、他尊及负责任的性观念打下基础啦。

因此，本书的发行弥补了大陆流行幼儿性教育读物中生命由来过程知识不完整的缺憾，更给家长们面对这样尴尬的话题时能给予孩子科学答案的借鉴和思考。这本书的出版不但是对大陆幼儿性教育长久缺失内容的弥补，更是对人们性教育观念的提升，对大陆性教育将起到里程碑式的推动！

张玫玫

2017.9

张玫玫简介

首都师范大学教育学院性教育研究中心主任，副教授，硕士生导师

中国性学会青少年性健康教育专委会	主任
北京性健康教育研究会	会长
北京家庭教育研究会	副会长

序

在幼儿成长过程中，已经学到一些所谓男孩子或女孩子的"应有"特质，例如，男孩子勇敢、强壮但粗鲁；女孩子柔弱、胆小但斯文。这种传统对性别的看法，无疑是给小孩子一个明确的学习范例。然而，过分定型的性别角色亦可能阻碍孩子发展个性、潜质和兴趣。

通过此书，父母可以和孩子轻松讲解，男女孩子虽然性别不同，但各有其独特之处，没有强弱之分，更没有一种特质是男孩子或女孩子独有的。男孩子可以细心，女孩子也可以坚强。最重要的是接受自己的性别和特质，明白自己是一个独立的个体，进而尊重同性和异性，学习接纳他人和与人相处的适当态度。

香港家庭计划指导会

Foreword

What are the differences between boys and girls? As young children grow up, they learn that boys or girls "ought" to have certain "characteristics". For example, boys are strong and courageous but rude; girls are shy and timid but polite. These traditional views about gender can be useful role models but over-emphasis on gender stereotypes may impede young children from fully developing their personalities, potentials and interests.

By reading this book with young children, parents can help them understand that everybody is unique and there is no so-called stronger or weaker sex. Both genders can share different characteristics. The important message is to appreciate your own gender and individuality, respect other people and learn how to behave in a proper way.

The Family Planning Association of Hong Kong

男孩子和女孩子的身体是不一样的……
The bodies of boys and girls are different...

男孩子的性器官包括阴茎及阴囊。
A boy's sexual organs include a penis and a scrotum.

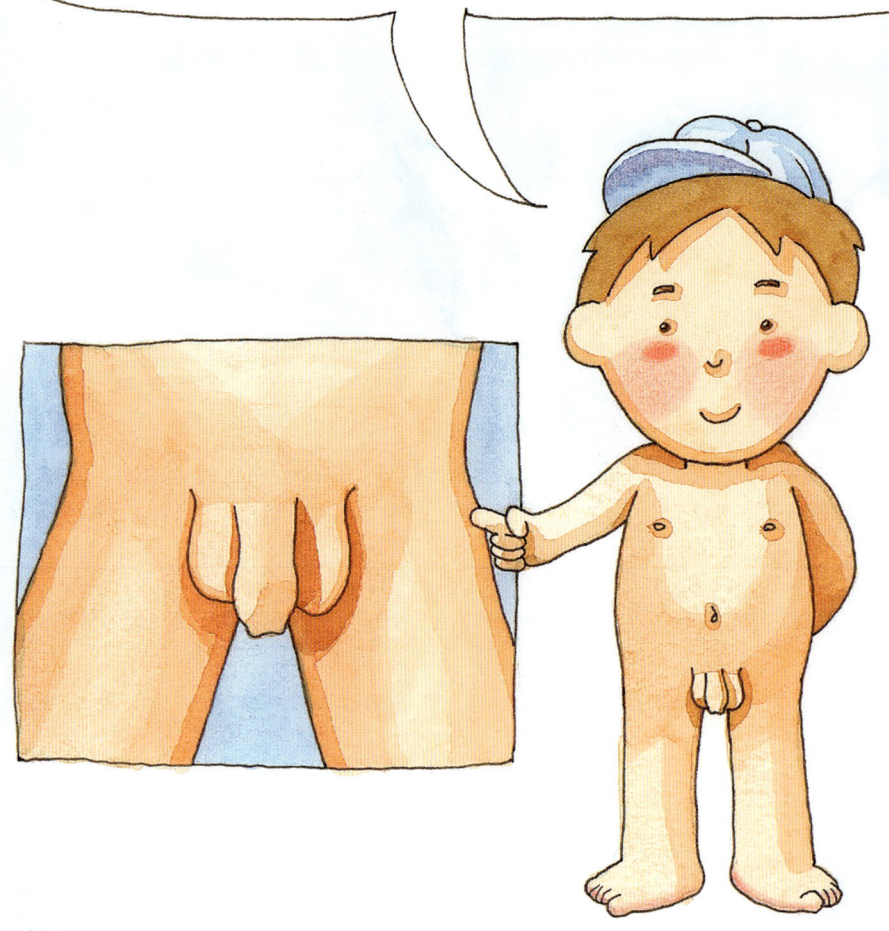

男孩子站着小便。
A boy stands up to urinate.

女孩子坐着小便。
A girl sits down to urinate.

虽然男孩子和女孩子身体
衣服有时也不一样，但是，男孩

Although there are differences betwe
and they might wear different clothe

Smart 聪明

Afraid of the dark 怕黑

Active 跳跳扎

Polite 有礼貌

Quiet 文静

勇敢 Brave

勤奋 Hard-working

都可以做
We can both do

家务……
housework...

长大后都可以做
We can both take up all kinds of

医生 Doctors   厨师 Chefs

运动教练   护士 Nurses
Coaches

不同职业……
careers when we grow up...

警察
Police Officers

工程师 Engineers

时装设计师
Fashion Designers

律师 Lawyers

男孩子也好，女孩子也好，互相帮助，一起学习

No matter we are boys respect each other, help play together...

大家都要

We should be

大家要互相尊重，一起玩……

or girls, we should each other, learn and

做好朋友！

good friends.

每个人都是独特的，世上只有
性别不同，但是做男孩子和做女

Everyone is unique; there is only on
are different in gender but they ar
gender being stronge

每个人都要爱护自己，

Everybody should love and protec

一个你。虽然男孩子女孩子
孩子一样，没有谁强谁弱……

ou" in the whole world. Boys and girls
uals. There is no such thing as one
weaker than the other...

接受自己的性别。

nemselves, and accept their gender.

编者的话

在幼儿教育的书籍中，关于动物、植物、天文、地理、历史等方面的知识可谓比比皆是，其中也不乏一些品质优良的书籍。可是关于性知识的书并不多，而且，能够做到以一种科学严谨的态度，客观坦诚而又充满爱心地去跟孩子讲解这方面知识的，市场上可谓是空缺的。

然而，对于孩子的健康成长而言，性的健康教育又是如此重要。做父母的，应该从孩子出生的那一刻起，就要有意识地有方法地给孩子去渗透、去讲解。父母要做的是要像解释动物、植物等其他科普知识一样，正常地、通俗地、科学地、坦然地讲给孩子听。

孩子对于自己的由来感到好奇，是十分自然的，这种求知欲应该得到正确的引导和解释。实际上，在孩子有此好奇心，但尚无性冲动的时候，及时、适当地对他们进行性知识启蒙教育，会让他们自然而然地认识性、生育、人体、家庭等人生的重要概念，而不至于在成长的路上被虚假的认知所误导，甚至被扭曲。童话大王郑渊洁曾在一篇采访中说道："性教育是不能转弯抹角的，一定要直白、一步到位，因为你只要留下悬念他就会去探索。你想让他不探索，最好的办法就是尽早告诉他。"他认为："作为父母，对孩子应及早进行性教育。三岁的孩子正是发萌的时候，对很多事情要找到答案，这时他还没对性产生兴趣，你告诉他，他会认为性是和吃饭、喝水是一样的事情。"

带着一个为儿童做好书的真诚愿望，我们遍历全球图书市场，欣喜地看到了香港家庭计划指导会（简称香港家计会）的这套《德德家家幼儿性教育系列》的书籍。

香港家计会是国际计划生育联合会八个创会会员之一，致力于推动香港性教育的发展，目前已累计了40年在幼儿园、小学、中学和大学推行性教育的经验。这套图书一版再版，目前已修订至第八版，也就是我们现在引进的这个版本。这套书从四个向度对儿童的性启蒙进行了解读：《人体博物馆》让孩子了解身体各部分名称、位置和功能，并培养孩子对性有健康和正确的态度；《男孩子 女孩子》讲男女孩子虽然性别不同，但各有其独特之处，培养孩子接纳他人和与人相处的适当态度；《我从哪里来？》让孩子明白生命的诞生，不但能满足他们的好奇心，更能让孩子明白自己是因父母相爱，有计划地诞生；《德德家家小战士》教导孩子认识私隐部位、分辨好与坏的接触，以及如何拒绝

那些不应该的接触，并寻求帮助。这套书全方位地为幼儿建立良好的性观念，并学习接纳自己、尊重别人，保护自己并爱惜生命。

目前大陆教育界对儿童性教育到底应该怎么科学地开展，仍然争执不下、各执一词。但是家长要明白的是，孩子成长的关键时期也很短暂，你能否把孩子问到的每个问题作为与孩子联结并适时植入正确观念的机会，你的回应和态度才是最重要的。童言无忌，即使孩子问到一个让你感觉尴尬的问题，你是否能把这个问题作为培养的契机，借此机会把正确的性教育观传播给孩子，让他明白自己和他人的身体界限，明白怎么样既能保护到自己又不伤害到他人。

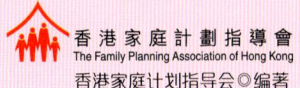

Where Did I Come From?
我从哪里来？

香港家庭计划指导会 ◎ 编著

图书在版编目（CIP）数据

德德家家幼儿性教育系列. 我从哪里来 / 香港家庭计划指导会编著. -- 北京：华夏出版社，2018.5（2025.1重印）
ISBN 978-7-5080-9164-8

Ⅰ. ①德… Ⅱ. ①香… Ⅲ. ①性教育－学前教育－教学参考资料 Ⅳ. ①G613.3

中国版本图书馆CIP数据核字(2017)第060120号

版权所有，翻印必究。
北京市版权局著作权合同登记号：图字01-2016-1711号

推荐序

性教育都讲些什么？该什么时候开始？对幼儿又怎么讲？如何回答幼儿提出的敏感性问题？这些都是当前家长们常常提出的问题。

性教育内容包括认识人体（特别是性器官和性征）、悦纳性别、学会交往、善于自护和科学审美。它的宗旨是要使人们从小对性形成积极坦诚的态度，能够把本属于人体和人类社会组成部分的性，像对待人体其他器官和自然社会现象一样科学地看待、学习和运用。科学的性健康教育以尊重人的结构、功能、需求为前提，以帮助人们能够健康、自信、快乐成长和发展为目标。

为此，人一生都需要性健康教育，开始的时间越早越好。即使在不会说话的婴儿期，家长如何清洗婴儿的性器官会给他留下被爱护的感受，是他以后呵护自己性器官的基础；此期父母相处的态度、语气会在他大脑中留下人际交往方式的最初印象；此时房间色彩的布置、玩具的选择、父母说话的语态，会使他感到家长对他的性别期待。所以早期照顾婴儿时，家长期望孩子未来的性健康已经在孕育中啦！幼儿期是孩子主动接受性教育的第一时期，当然被动性教育仍在继续。他们会从生活中发现成人的行为、形象和表现，从而提出各种性教育问题，家长的回答就是在给孩子进行性教育，形成孩子的性态度和价值观。比如孩子会问：撒尿时，男孩为什么站着？女孩为什么蹲着？我是从哪来的？我是怎么从妈妈肚子里生出来的？我的由来跟爸爸有什么关系？宠物会交配，爸爸妈妈会吗？爸爸的阴茎为什么比我的长？妈妈的乳房为什么比我大？妈妈屁屁为什么会出血，会死吗？男孩为什么不穿裙子？我喜欢她／他可以和她／他结婚吗？我喜欢她／他可以亲她／他的嘴吗？……面对这些问题一些家长会觉得尴尬，不知如何回答，只想蒙混过去。殊不知这些是孩子们在认识自己的现在和未来，科学的回答会使孩子解疑、增长知识、学会交往规范，更可以形成对性问题的积极坦诚态度，知道以后遇到性疑问可以从父母处得到满意答案，而避免其他不科学信息对孩子的误导甚至伤害，还可以把家长对性问题的价值观渗透给孩子并逐渐稳固，成为长大后面对复杂性问题时判断选择的依据和信念。

那么怎么回答孩子的性问题呢？一个原则：简单、直面、科学。因为幼儿的性心理发展和认知程度，对性问题没有成人的羞涩、敏感，有的是对见到的所有事物的好奇和探索，要的是简洁明确的答案。所以，一个对成人感到羞涩、尴尬的问题或名词如性器官的名称、性交、月经，对孩子来说却是一个科普和正确观念植入的机会。它能让孩子记住阴茎、阴道的科学称呼，会知道性交是爸爸妈妈互爱的表达方式，月经是女孩长大可以做妈妈的标志；还会记得父母说性器官需要好好保护，性交可以带来爱的宝贝，宝宝需要爸爸妈妈的爱护；会理解月经期间妈妈需要好好休息，大家应该照顾她。显然，对于孩子当前性问题的回答，是在为他们如何应对未来成长中遇到的性现象做着一步步准备。

香港家庭计划指导委员会编著的这套《德德家家幼儿性教育系列》从四个向度对幼儿性教育进行了解读，也是当前国内外正在开展的科学性健康教育的内容。其中，我从哪里来？很多孩子大约在 3 岁时发问，但直到中学生物课才有从受精卵发育到新生儿的课程。而有实验给幼儿园大班孩子讲这段知识后，孩子马上提问：精子怎么进到妈妈子宫里的？我们的老师和家长基于前述的原因基本回避了，家长期望学校老师讲，老师尴尬不敢讲，而这又是听到这段讲解的几乎所有孩子会发出的疑问！这套《德德家家幼儿性教育系列》绘本中的《我从哪里来？》直白地回答了这个问题。有老师和家长跟 3~8 岁孩子一起看这部分内容后，孩子没有特别关注性交两个字，更没有去实践，记住的是我的由来跟爸爸妈妈都有关系。在香港也是同样情况。

有的老师也反应过这样的问题，一个孩子曾天真无邪地问妈妈：能不能把自己的小阴茎也放到妈妈阴道里，生个小弟弟可以吗？妈妈听到这个问题的第一反应是尴尬和震惊，其实，这正是家长给予孩子正确性教育的一个契机。回答这类问题有以下原则：首先阴部是每个人的隐私部位，不经对方同意不能看和摸，自己的也一样，这样是为了防止阴部受伤生病；其二告诉幼儿当爸爸妈妈表达相爱时才会这样做，其他人相互喜欢时可以采用握手、拥抱等方式，否则双方都会受到伤害；其三相爱而且有能力让孩子像你一样幸福时爸爸妈妈才会生宝宝。这样的回答可以让幼儿从小形成对性器官的自我保护意识，知道性交是成人相爱时的表达方式，未成年相互喜欢有其他方式；了解生育宝宝是像爸爸妈妈一样相爱的成人要担负的责任，当不能负其责时则不会生育宝宝。如此，家长从幼儿开始就为孩子们的未来树立自尊、他尊及负责任的性观念打下基础啦。

因此，本书的发行弥补了大陆流行幼儿性教育读物中生命由来过程知识不完整的缺憾，更给家长们面对这样尴尬的话题时能给予孩子科学答案的借鉴和思考。这本书的出版不但是对大陆幼儿性教育长久缺失内容的弥补，更是对人们性教育观念的提升，对大陆性教育将起到里程碑式的推动！

张玫玫

2017.9

张玫玫简介

首都师范大学教育学院性教育研究中心主任，副教授，硕士生导师

中国性学会青少年性健康教育专委会	主任
北京性健康教育研究会	会长
北京家庭教育研究会	副会长

推荐序

我非常荣幸能向大家推荐香港家庭计划指导会编写的《德德家家幼儿性教育系列》（3 至 8 岁）之《我从哪里来？》绘本，其理由如下：

第一，该绘本向 3 至 8 岁的幼儿解答"我从哪里来？"这个问题时，极大地颠覆了大陆截止目前同类出版物中不敢正视性与缔造生命之美好的观念。它用科学的事实向幼儿展示了性及爱情与生命孕育的关系，用符合幼儿认知规律的绘本形式向孩子直言不讳地讲解生命孕育的真相，让性在孕育生命中难以言宣的话题成为自然和科学。

第二，该绘本弥补了大陆出版物在此方面几乎没有可借鉴的、有价值的幼儿性教育读物的空白。15 年来，我们在大陆推行幼儿和小学性教育过程中，怎样向孩子讲解性在生命孕育中的价值问题，该绘本都是我们向幼儿教师和父母推荐的经典，极大地推进了大陆幼儿性教育的进程。

第三，在大陆的青少儿性教育界，同仁们一致认为该绘本是截至目前唯一符合中国文化，又与国际接轨的优秀幼儿科普读物。

该绘本在大陆出版之际，我欣然地、负责任地向广大幼儿教师和家长推荐《我从哪里来？》。

胡 珍

胡珍简介

四川省成都大学师范学院教授

四川省青少年性教育普及基地首席专家

序

当孩子问及有关婴儿的诞生时，相信不少父母都会感到难于启齿，或不知所措。事实上，孩子对于自己的由来感到好奇，是十分自然的，这种求知欲应给予满足和认可。

父母主动和坦诚地向孩子述说生命的诞生，不但能满足孩子的好奇心，更可让孩子明白自己是因父母相爱，有计划地诞生出来的。

此书提供简单的文字和生动的图画，帮助你深入浅出地阐述婴儿的诞生。当孩子的好奇得到满足后，那份安全感和被爱的感觉，还有什么可以替代呢？

香港家庭计划指导会

Foreword

Have you ever been embarrassed by your child's question: "Where did I come from?". Children are naturally curious about their origin, and they deserve accurate and straightforward answers that they can understand. In teaching children about the origin of life, parents can also help them realize that they are the fruits of their parents' love. With simple words and attractive illustrations, this book describes the process of conception and birth of a baby, conveying a strong sense of security and love to the child.

The Family Planning Association of Hong Kong

我是怎样来的呢?
Where did I come from?

你是由精子和卵子结合而成的。
An ovum and a sperm joined together to become you.

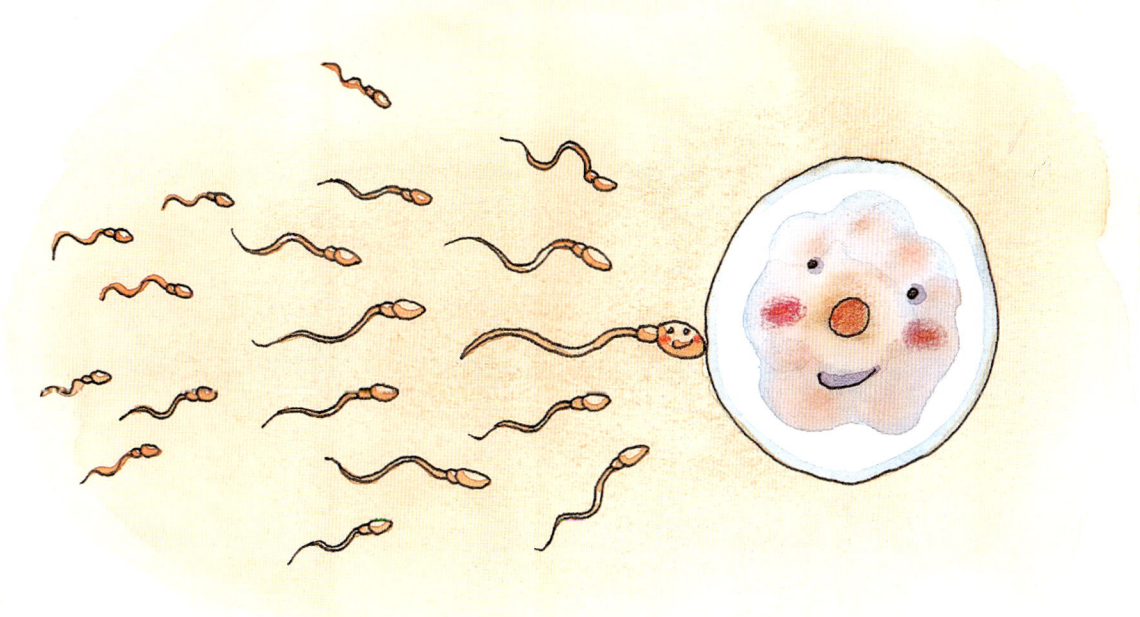

妈妈的卵巢制造卵子。
Mama's ovaries make ova.

卵巢在妈妈的身体内。
The ovaries are inside Mama's body.

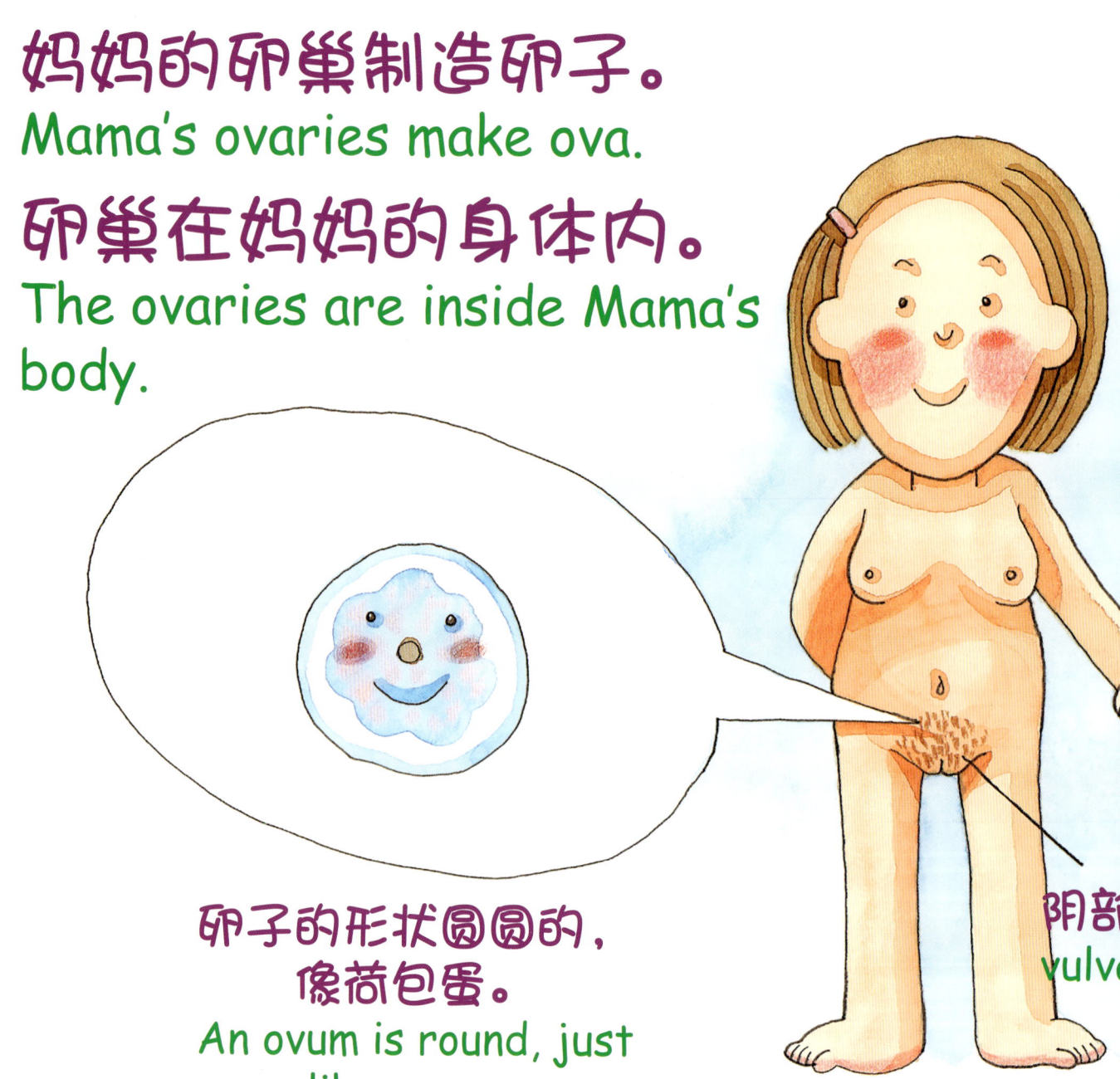

卵子的形状圆圆的，
像荷包蛋。
An ovum is round, just like an egg.

阴部
vulva

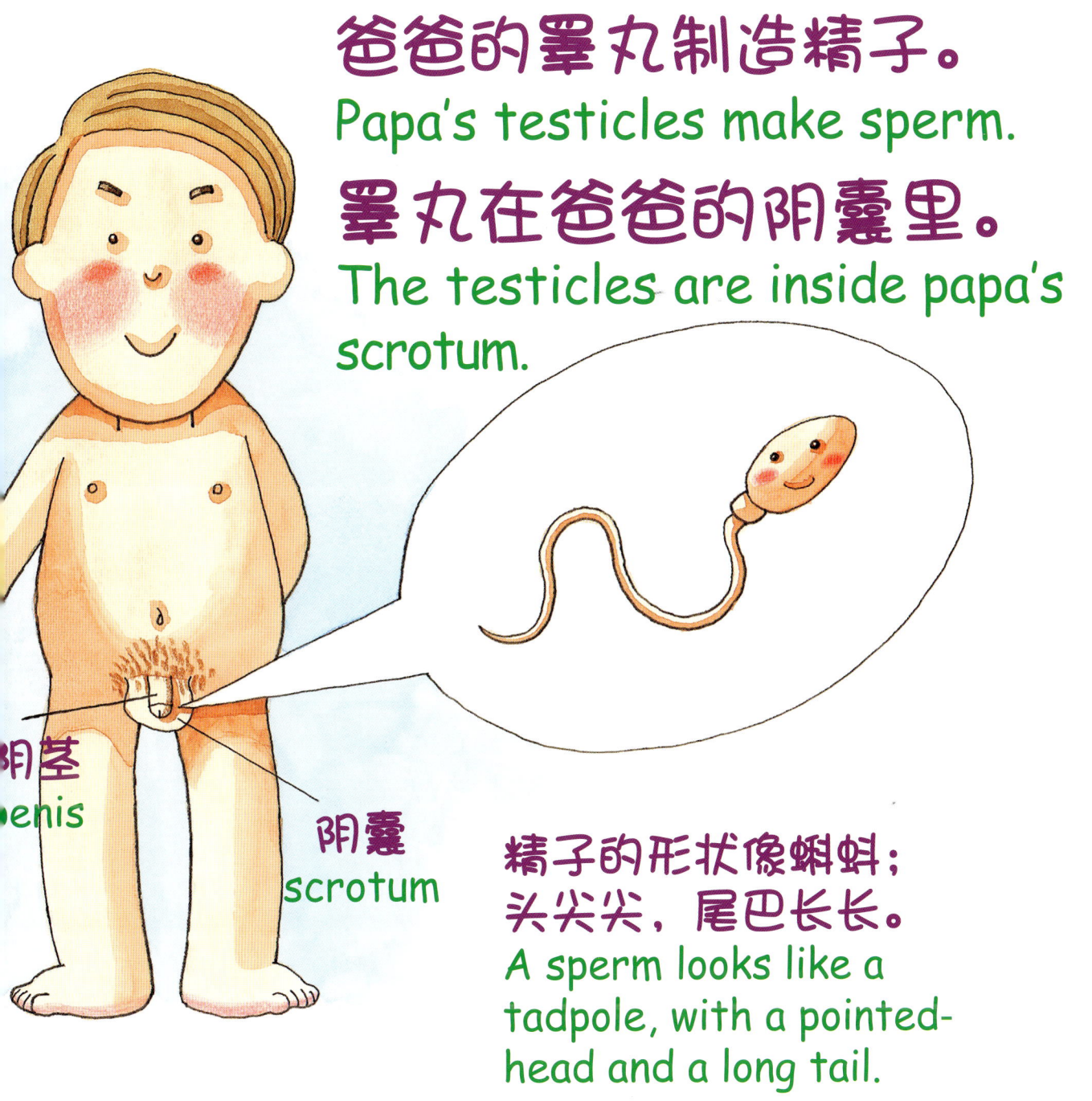

爸爸的睾丸制造精子。
Papa's testicles make sperm.

睾丸在爸爸的阴囊里。
The testicles are inside papa's scrotum.

阴茎
penis

阴囊
scrotum

精子的形状像蝌蚪；头尖尖，尾巴长长。
A sperm looks like a tadpole, with a pointed-head and a long tail.

爸爸和妈妈很爱对方。
他们喜欢常常在一起,一同生活,倾诉心事。
Papa and Mama love each other very much.
They like to talk to each other, spend time together and live together.

他们会接吻、拥抱和性交。
**They would kiss,
hug and have sexual intercourse.**

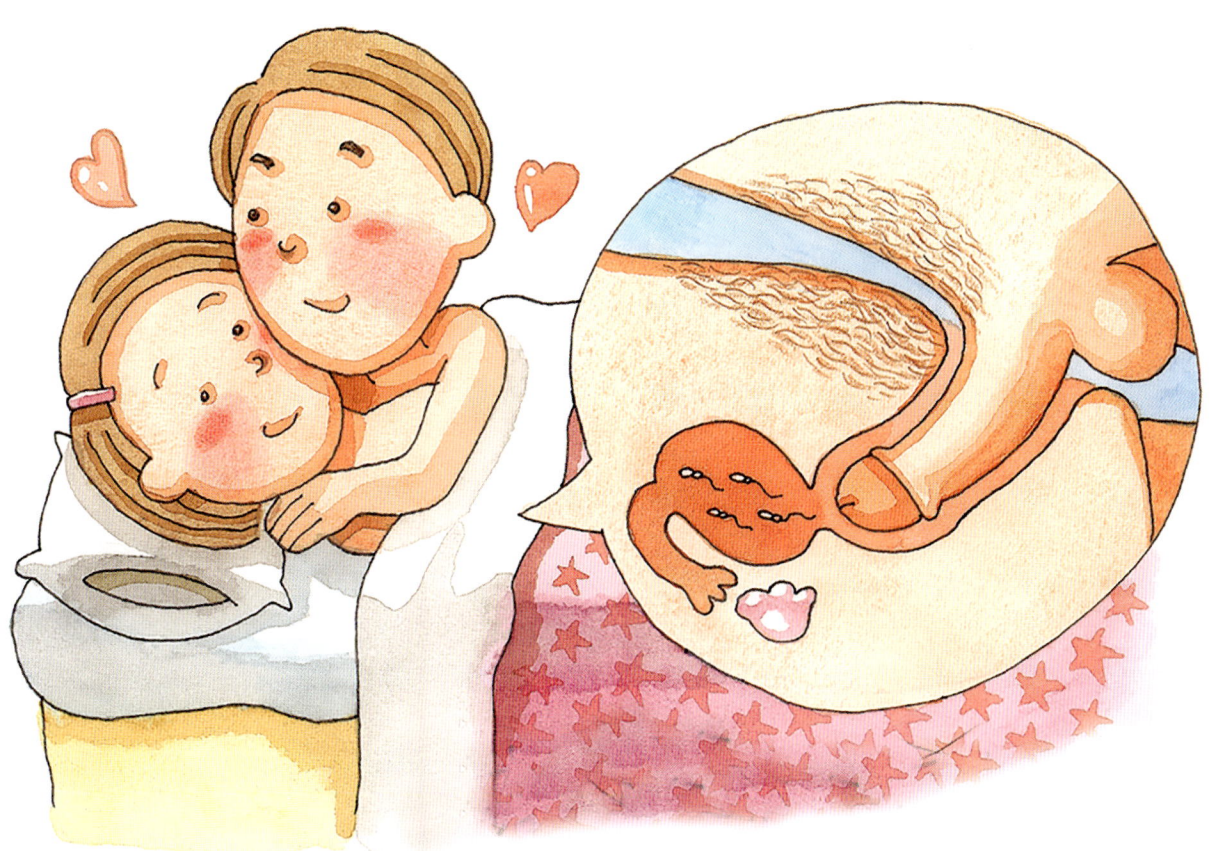

性交是爸爸和妈妈表示爱的一种亲密方法。
爸爸会将阴茎放进妈妈的阴道内。
Sexual intercourse is a very intimate way that Papa and Mama show their love for each other. Papa puts his penis into Mama's vagina.

爸爸的阴茎会放出大量的精子，
进入妈妈的阴道内。

Papa's penis releases a lot of sperm,
which with swim into Mama's vagina.

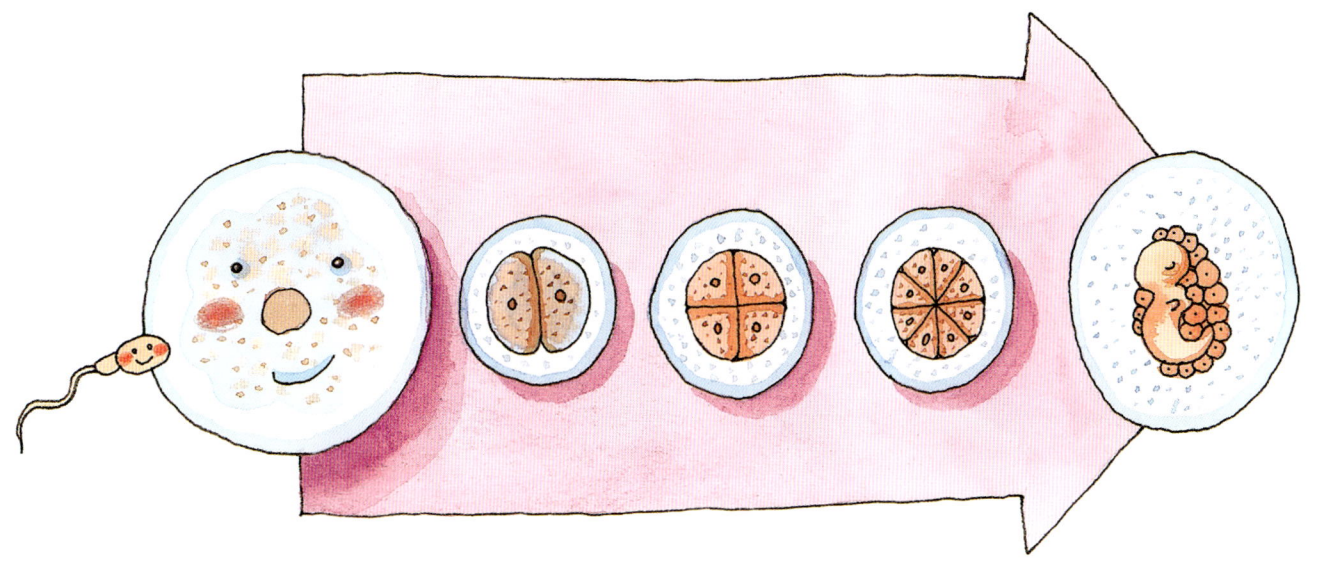

当一条精子和卵子结合时，就会渐渐成长为胎儿。

When a sperm and an ovum are united, they will slowly grow into a fetus.

胎儿在妈妈的子宫内成长。
妈妈的肚子渐渐大起来。

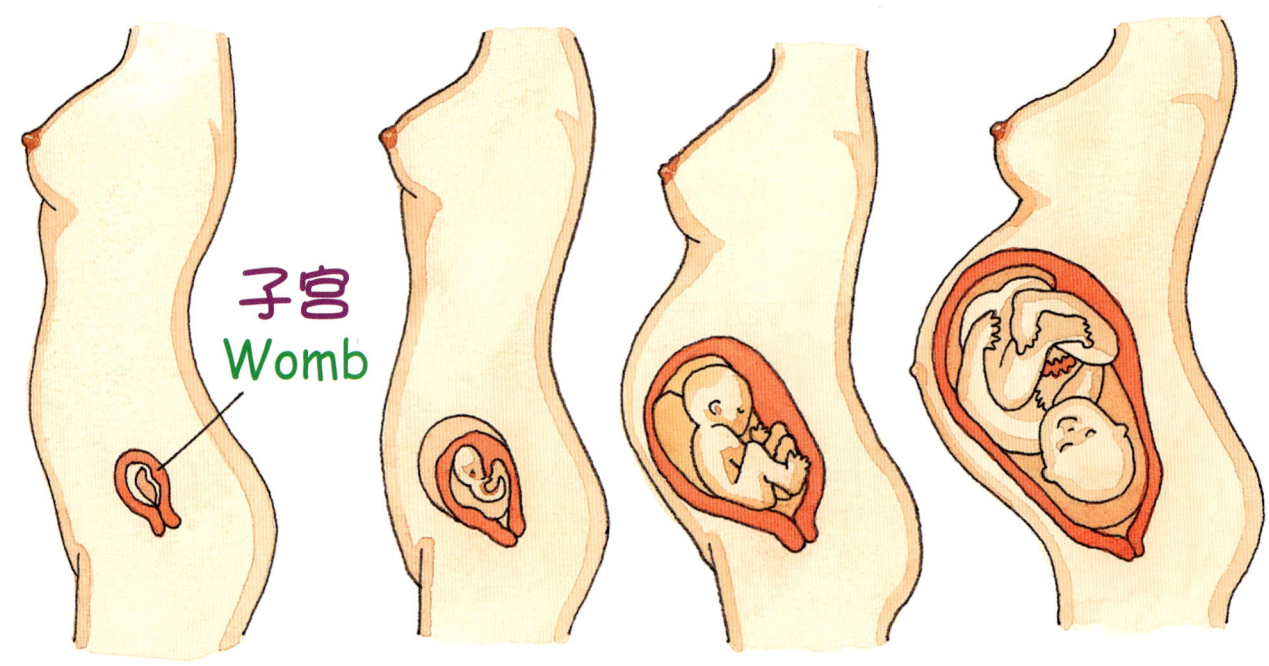

A fetus grows inside Mama's womb. Mama's tummy becomes bigger and bigger.

妈妈要定期请医生检查身体。

Mama has to go to a doctor for regular checkups.

过了约九个月,婴儿要出生了。

After about nine months, the baby is ready to be born.

婴儿是经过妈妈的阴道生出来的。

The baby comes out through Mama's vagina.

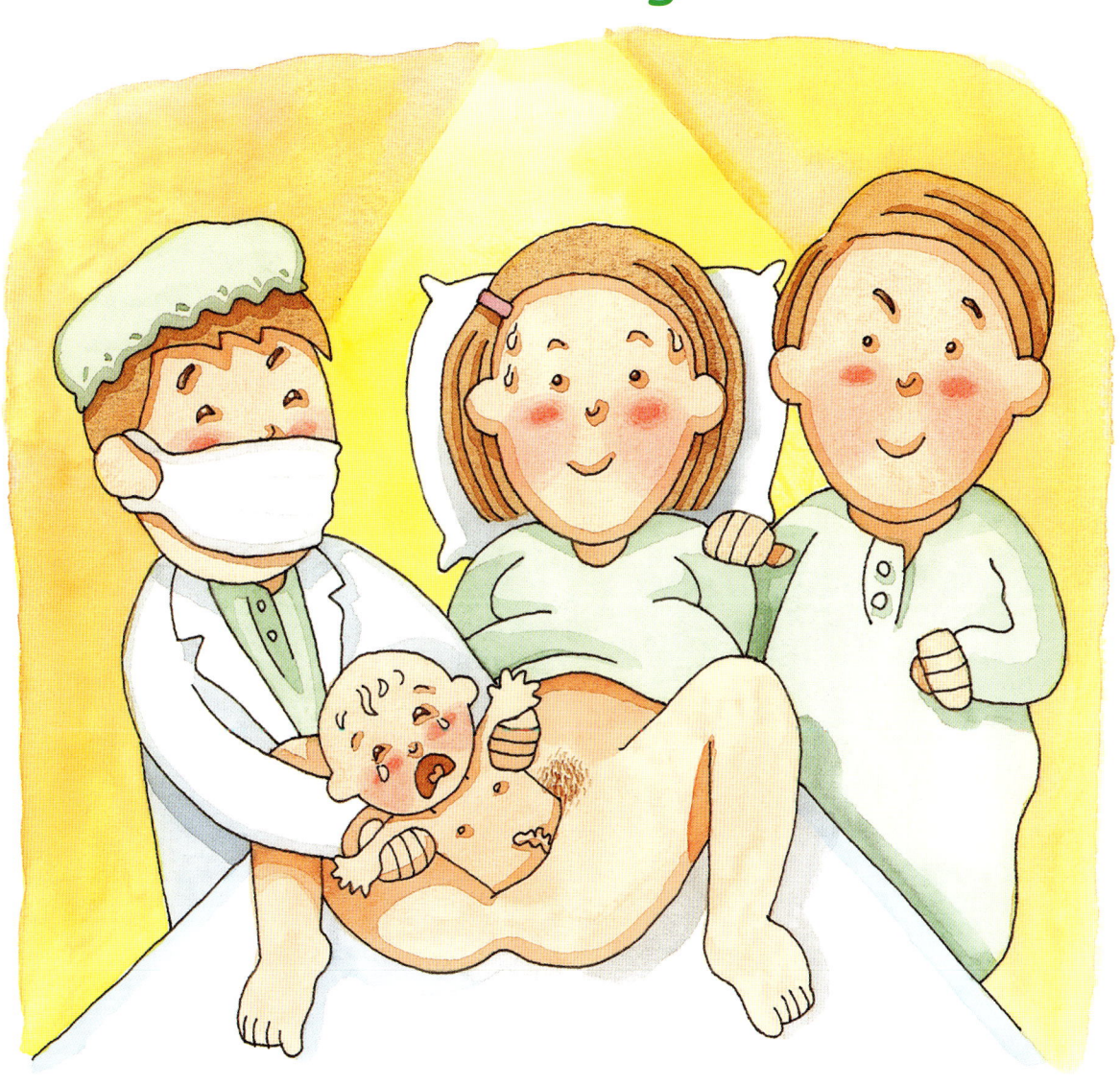

可爱的婴儿出生了。
A lovely baby is born!

爸爸和妈妈都很高兴,并非常疼爱你。

Papa and Mama are very happy.
They love you very much.

编者的话

在幼儿教育的书籍中，关于动物、植物、天文、地理、历史等方面的知识可谓比比皆是，其中也不乏一些品质优良的书籍。可是关于性知识的书并不多，而且，能够做到以一种科学严谨的态度，客观坦诚而又充满爱心地去跟孩子讲解这方面知识的，市场上可谓是空缺的。

然而，对于孩子的健康成长而言，性的健康教育又是如此重要。做父母的，应该从孩子出生的那一刻起，就要有意识地有方法地给孩子去渗透、去讲解。父母要做的是要像解释动物、植物等其他科普知识一样，正常地、通俗地、科学地、坦然地讲给孩子听。

孩子对于自己的由来感到好奇，是十分自然的，这种求知欲应该得到正确的引导和解释。实际上，在孩子有此好奇心，但尚无性冲动的时候，及时、适当地对他们进行性知识启蒙教育，会让他们自然而然地认识性、生育、人体、家庭等人生的重要概念，而不至于在成长的路上被虚假的认知所误导，甚至被扭曲。童话大王郑渊洁曾在一篇采访中说道："性教育是不能转弯抹角的，一定要直白、一步到位，因为你只要留下悬念他就会去探索。你想让他不探索，最好的办法就是尽早告诉他。"他认为："作为父母，对孩子应及早进行性教育。三岁的孩子正是发萌的时候，对很多事情要找到答案，这时他还没对性产生兴趣，你告诉他，他会认为性是和吃饭、喝水是一样的事情。"

带着一个为儿童做好书的真诚愿望，我们遍历全球图书市场，欣喜地看到了香港家庭计划指导会(简称香港家计会)的这套《德德家家幼儿性教育系列》的书籍。

香港家计会是国际计划生育联合会八个创会会员之一，致力于推动香港性教育的发展，目前已累计了40年在幼儿园、小学、中学和大学推行性教育的经验。这套图书一版再版，目前已修订至第八版，也就是我们现在引进的这个版本。这套书从四个向度对儿童的性启蒙进行了解读：《人体博物馆》让孩子了解身体各部分名称、位置和功能，并培养孩子对性有健康和正确的态度；《男孩子 女孩子》讲男女孩子虽然性别不同，但各有其独特之处，培养孩子接纳他人和与人相处的适当态度；《我从哪里来？》让孩子明白生命的诞生，不但能满足他们的好奇心，更能让孩子明白自己是因父母相爱，有计划地诞生；《德德家家小战士》教导孩子认识私隐部位、分辨好与坏的接触，以及如何拒绝

那些不应该的接触，并寻求帮助。这套书全方位地为幼儿建立良好的性观念，并学习接纳自己、尊重别人，保护自己并爱惜生命。

目前大陆教育界对儿童性教育到底应该怎么科学地开展，仍然争执不下、各执一词。但是家长要明白的是，孩子成长的关键时期也很短暂，你能否把孩子问到的每个问题作为与孩子联结并适时植入正确观念的机会，你的回应和态度才是最重要的。童言无忌，即使孩子问到一个让你感觉尴尬的问题，你是否能把这个问题作为培养的契机，借此机会把正确的性教育观传播给孩子，让他明白自己和他人的身体界限，明白怎么样既能保护到自己又不伤害到他人。